中國歷史大冒險 ⑥

大漢皇朝

方舒眉　著

馬星原　繪

新雅文化事業有限公司
www.sunya.com.hk

目錄

每回附有：歷史文化知多點

序

輕輕鬆鬆閱讀歷史！

中華民族是一個古老的民族；中國歷史上下五千年，堪稱源遠流長。整部民族的歷史，是我們集體的過去，是我們祖先的奮鬥歷程，是我們所以有今天的因果。鑑古知今，繼往開來，不認識自己的民族歷史，猶如無根的植物，是不行的。

讀歷史，要有方法。以漫畫作媒介，以圖像說故事，可以輕輕鬆鬆地閱讀歷史。只要小孩子主動地拿起來看，他就會認識了盤古初開、三皇五帝、夏商周以至唐宋元明清……雖然只是一個梗概，但心中埋下了種子，以後不會對歷史課感到枯燥乏味，這就是我們的目的了。

本系列前稱《歷史大冒險》（中國篇），自 2008 年出版以來，一直深受孩子喜愛。如今重新出版，並豐富其內容：在漫畫底部增設「世界歷史透視」時間線和「中外神話／歷史大比照」，讓孩子通過比較中西方發展，以更宏觀的角度學習歷史；每個章回後亦設有「歷史文化知多點」，介紹相關朝代的知識，並設有「想一想」的開放式問題，以培養孩子的獨立思考。希望孩子在輕鬆看漫畫之餘，也能得到更充實的歷史知識。祝各位讀者享受這次歷史之旅！

方舒眉

登場人物

Q 小子
活潑精靈，穿起
戰衣後戰鬥力強。

神龜
本來是遠古海龜，現
與Q小子和A博士一
起穿梭古代。

A 博士
歷史知識廣博，發明
了「中國歷史大冒
險」的時光網絡。

韓信
楚漢戰爭後改封為楚
王，受劉邦猜忌，後被
呂后所殺。

劉邦
建立西漢，稱為漢高
祖，視異姓王為威脅而
展開削藩。

呂后

漢高祖的皇后，漢惠帝在位時開始把持朝政，分封呂氏子弟。

英布

被漢高祖封為淮南王，後來起兵反漢，最終被殺。

周亞夫

被漢景帝任命為太尉，平定七國之亂。

張騫

奉漢武帝之命出使西域，為絲綢之路的開闢者。

李廣

西漢名將，匈奴人畏懼其英勇，稱他為「飛將軍」。

霍去病

漢武帝時期的名將，多次擊敗匈奴。

司馬遷

中國著名的史學家，又稱為太史公，著有《史記》。

劉秀

劉氏宗室子弟，綠林軍首領之一，推翻新朝，建立東漢。

時代簡介

　　漢朝是繼秦朝之後出現的統一政權，維持了四百多年的統治，分為西漢（公元前206年至公元9年）和東漢（公元25年至220年），中間的十五年是由王莽篡位而建立的新朝。

　　西漢為漢高祖劉邦所建立，至漢武帝時期已成為世界上最強大的帝國之一，多次擊退匈奴，也開通了著名的絲綢之路。之後西漢政權走向衰敗，王莽篡位。劉秀帶領綠林軍推翻王莽，復興漢室，建立東漢。東漢前期的光武中興和明章之治，亦是中國史上的盛世之一。

第二十六回

兔死狗烹

* 七個異姓王包括：燕王臧荼、楚王韓信、趙王張耳、韓王信、梁王彭越、淮南王英布及長沙王吳芮。

結果我就糊裏糊塗地被關押起來了……

劉邦實在太過分了！別怕，我去跟他理論！

踏踏

有人闖進天牢了！

來得正好！你們快去叫劉邦過來！

靈貓大師?!

你的厄困暫時解除……

謝謝你們救我一命！

今後你應向張良多多學習！

張良有何值得學習呢？

張良助劉邦打江山，平天下，建立漢朝。劉邦分封異姓王，張良婉拒，只接受一個「留侯」的封號，據說後來他更足不出戶，不吃五穀，追隨神仙探求長生之術……

大師！

不知靈貓大師來到，有失遠迎……

廢話少說，放了韓信！

*此詩出自司馬遷所著的《史記·淮陰侯列傳》，引伸出成語「兔死狗烹」和「鳥盡弓藏」，比喻事成之後把有功勞的人拋棄或殺掉。

漢高祖十年（公元前197年），陳豨*自立為代王，起兵造反，劉邦親自率兵平亂，朝政交由皇后呂雉主持。

眾卿家，皇上那邊的戰況如何？

回稟娘娘，皇上神勇，陳豨已如釜中之魚……

但他仍垂死掙扎，竟然勾結匈奴，罪該萬死！

還有，剛收到韓信門客來告密……

韓信要跟陳豨裏應外合，背叛朝廷！

*豨，粵音希

13

被貶為淮陰侯的韓信，一直在長安深居簡出。

這一天，蕭何突然親自到訪，並轉達呂后的邀約，稱要請韓信進宮，為皇上慶祝剿滅陳豨等逆賊，成功平亂⋯⋯

淮陰侯韓信到！

嘿嘿⋯⋯⋯⋯

殺氣很大，
莫非……

動手吧！

劍！

糟了，入宮前解劍了！

梁王彭越

什麼？你說韓信被呂后處死了？

他的罪名是什麼？

韓信聯合陳豨謀反……

立斃於宮中！

依卑職看，事情還未完結，主公要小心！

你胡說些什麼？

我忠心耿耿，皇上是知道的，怎可以將我跟韓信相提並論？

漢高祖十一年（公元前196年），劉邦派使臣前往梁國，打算趁梁王彭越不備，把他捉拿下來。

謝主隆恩！

我早說皇上是賞識我的，不然也不會賞賜我啊。

梁王啊，你可知道皇上因何事賞賜你呀？

小王受寵若驚，請指教……

可憐的彭越，就這樣糊裏糊塗地被押上囚車，帶返長安。

哼！

想不到連你也背叛朕！

天大的冤枉呀！

臣絕無謀反之心啊！望皇上明察！

哼！當日朕親自領兵討伐匈奴……

你竟然稱病不來助陣，單是這項罪名……

便足以判你死罪！

皇上饒命呀！請念在微臣追隨皇上多年，對大漢江山也有點戰功，饒我一命吧！我願做一介草民，就此終老……

劉邦最終給彭越一條生路，將他貶為庶民，流放蜀地。

想不到我一生為劉邦打拼，到頭來卻要流放到巴蜀那荒涼之地……

咦？前面是皇后娘娘的車駕！

有救了！

娘娘一向待我不薄，我想託她向皇上求情……

賜我回鄉終老……

嗯，這個嘛……

沒問題，你就隨我回長安吧！

謝娘娘！

皇后把彭越帶回來，是想為他求情嗎？

臣妾覺得皇上的處理實在有點不當。

是太重了嗎？那……朕改判他遣返原籍終老，這樣行了吧？

哈哈哈……

皇上你呀，簡直是越弄越糟啊！

與其讓彭越心懷不滿於人世間……

倒不如斬草除根！

什麼？可憐的彭越，他還是逃不過鬼門關！

淮南王英布

韓信、彭越已被除，下一個該輪到本王了！我怎能坐以待斃？

淮河

淮南王英布

彭越斃命同年，英布起兵反漢，劉邦大怒，再度御駕親征⋯⋯

反賊！
接招！

先下手為強，難道我要像韓信般任人宰割?!

口口聲聲說我是反賊，但都是你劉邦迫我造反的！

29

大混戰！戰況非常激烈啊！

這場戰事最後誰勝誰負呢？

根據歷史記載，英布不敵漢軍，最後逃往江南晉陽……

唉！英布恐怕凶多吉少了！

對呀！不過他並非死在劉邦手中……

當英布逃到晉陽時，當地鄉民恐怕殃及池魚，於是羣起將英布擊斃於田舍中。

漢高祖花了七年時間，終於除去所有異姓王。

從此以後都不再封異姓為王了嗎？

劉邦在世時的確如此。我們現在去看看「白馬盟」，就會知道啦！

是！

公元前196年

韓信、彭越被殺

公元前195年

英布被殺

鳴

儀式開始！

準備白馬！

文武百官喝下熱騰騰的馬血，
以此立誓效忠，史稱「白馬盟」。

這就是歷史上著名的「白馬盟」，劉邦藉此盟約，把權力集中掌握在劉氏家族手中，以圖千秋萬世，帝業永續。

可是生飲馬血，太噁心呢！

對啊！

看來以後沒人膽敢違背這盟約了。

嘿嘿，非也！劉邦怎樣也想不到，日後違反此約的人，正是他的皇后呂雉⋯⋯

呂后？！

開國功臣的結局

張良隱退避劫

　　張良、蕭何和韓信都是漢朝的開國功臣，被譽為「漢初三傑」，劉邦能夠統一天下，他們三人實在功不可沒。可是，正所謂「伴君如伴虎」，當臣子功高蓋主的時候，自然位高勢危。

　　劉邦分封異姓王，韓信受封為楚王；蕭何受封為酇侯，得地最多；張良卻拒絕劉邦分封大片土地的賞賜，只選擇分封留縣，當一個留侯，後來更毅然退隱求仙。

　　位於陝西省的留侯祠中有這樣一副對聯：「富貴不淫，有儒者氣；淡泊明志，作平地神。」這對聯正正道出了張良的一生：堅守自己的志向，甘於淡泊，最後可以抽身離去，逍遙自在。相比蕭何和韓信，張良活得快意得多，也灑脫得多。

《大風歌》

張良、韓信和蕭何都是漢朝的開國功臣，但後來張良退官，韓信被殺，蕭何入獄，淮南王英布又發動叛亂。

劉邦領兵親征殲滅英布後，回朝時途經故鄉沛縣。他想起「打江山」時的人馬鼎盛，一時感懷，便寫下這首《大風歌》：

大風起兮雲飛揚，

威加海內兮歸故鄉。

安得猛士兮守四方？

《大風歌》寫道：大風一起，所有的雲霧都被吹散，如今四方已平定，我也回到故鄉了，可是還有威猛的勇士繼續守護國土嗎？

全詩只有三句，共二十三字，氣勢磅礡，但明顯流露出絲絲的哀愁和憂慮。這首作品充分表現出劉邦的矛盾感受，一方面懷有戰勝的驕傲，另一方面卻對未來感到憂慮。出身草根階層的劉邦，全靠賢士勇將打天下，得民心；現在身邊的助力全失，自然憂心日後如何可以守着這一片江山。

蕭規曹隨

劉邦統一全國，建立漢朝，蕭何繼續擔任丞相。而跟隨劉邦多年的曹參，立下不少功勞，卻只擔任齊王劉肥的相國，封為平陽侯。蕭何及曹參二人本為好友，但受封一事令二人心生嫌隙，關係漸漸疏遠。

蕭何為漢朝訂下了完善的制度和法令。後來他得了病，於去世前向漢惠帝推薦曹參出任丞相。曹參接任後，他對蕭何所訂下的法令制度，一概不作改動，照舊沿用。

漢惠帝忍不住問他原因，曹參卻反問：「皇上跟高祖相比，誰較聖明？」漢惠帝立即答道：「我怎敢跟先帝比較呢？」曹參又問：「我跟蕭何，誰較賢能？」漢惠帝不客氣地說：「你似乎不及他。」曹參點頭回答：「皇上說得很對，高祖與蕭何平定天下，所制定的法令制度都十分完善明確，只要我等守規盡責，不是已經很好嗎？」後世的人都因此讚賞蕭何及曹參，認為他們保持漢朝政治清明，人民生活安定。

想一想

劉邦為了保住江山，消滅了立下汗馬功勞的異姓王，你認為他這樣做對嗎？會產生什麼正面和負面的影響？

第三十七回

呂氏天下

白馬盟已定，劉氏江山千秋萬載，朕死亦瞑目了……

皇上不要丟下臣妾呀，嗚……

哼！

嘿，他才不會丟下你呢！因為……

我要你陪葬！

公元前 195 年，漢高祖駕崩。太子劉盈登基，稱為漢惠帝。

漢惠帝

劉盈繼位時年方十七歲，朝政大權操控在其母呂后手中。

41

王爺，太后使者求見……

趙王劉如意
（戚夫人之子）

嘿嘿！

太后有旨，命趙王劉如意……

進宮謁見！

趙王，請！

趙王此番恐怕凶多吉少……

聽説趙王生母戚夫人，已被呂后害得不似人形……

罷了，我們還是辭官而去，免受牽連！

長安

什麼？母后叫人召如意進宮？

43

如意有危險，兄弟手足情深，朕豈能坐視不理？

朕要親自出城接如意回宮！

皇上連吃飯、睡覺都跟趙王一起，簡直形影不離……

你們給我好好監視着，只要皇上稍一離開，嘿……

百密一疏，
總有機會的！

懶睡豬，
起牀啦！

好睏啊，我還要
多睡一會……

我們今天去
打獵啊！

皇兄你去吧，多獵一
些，給我做好吃的。

我只出去一會兒，應該沒問題吧！

惠帝已外出了！

嘩

皇兄，那麼快便回來了嗎？我還未睡飽呢……

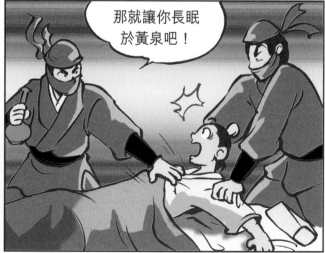

那就讓你長眠於黃泉吧！

別怪我們，我們只是奉命行事！

啊！

要怪的話，只怪你生在帝皇之家吧！

皇上，大事不妙！

趙王被人強餵毒藥，現在已經……

如意！如意！

嘿！

太后……你怎可以毒殺如意？

他是先皇的兒子，我的弟弟啊！

哼！有何不可?!

哈！哈！哈！

我還要對付他母親戚夫人呢！

我要斬去她的手腳，讓她求生不得，求死不能！

48

天啊！太后如此所為，哪有一點人性？

朕再也不能治理天下了……

皇兒！

惠帝好可憐呀！

對啊！他受此打擊，生了一場大病，自此性情大變。

惠帝自此荒廢朝政，只顧喝酒玩樂……

惠帝做了七年皇帝就抑鬱而死，駕崩時才二十四歲呢！

他有兒子繼承皇位嗎？

你不懂計算嗎？惠帝才二十四歲，即使有兒子，也只是幾歲的小朋友而已。

哈！哈！

哈！哈！

沒錯，由少帝這個嬰兒當皇帝，呂后更加為所欲為，將劉家天下變成呂家天下了。

漢

王卿家！

本宮打算立呂氏子弟為王，你看怎麼樣？

左丞相王陵

萬萬不可！

先帝曾與眾大臣立下「白馬盟」，非劉姓之人不能封王……

太后豈能違背誓言呢！

是嗎？

右丞相陳平

陳卿家！

周卿家！

絳侯周勃

兩位愛卿認為如何？

如今太后代行天子之職，封呂氏諸兄弟為王，合乎天命！

陳大人言之有理！請太后下旨封王！

這就對了，准奏！

……

中外歷史大比照 ▶ 在西方歷史裏，埃及豔后克里奧帕特拉七世是著名的女統治者，她是埃及托勒密王朝的末代女王。

退朝！

陳平！

周勃！

白馬盟之約，你們也一起歃血為盟，為何現在出爾反爾?!

你們二人……

將來有何面目於九泉之下見先帝？

53

王陵兄，請聽我一言……

你剛剛在朝上出面反駁太后，如此膽色我們的確不如你！

但對於今後能否真正保全劉家天下，你卻比不上我們！

什麼？

……

呵呵！我可以為此事作證呀！

呂后掌權共十五年。

她死後，陳平兄和周勃兄就要還劉家一個天下呢！

至今呂后掌權已有八年，再過七年，她就歸天去見劉邦了！

當真？

我錯怪了兩位，恕罪恕罪！

老夫年紀大了，七年後的重任有勞兩位了！

哈哈，想不到我們的責任這麼重大！

靈貓大師，七年後我該怎麼辦？可有錦囊妙計？

天機不可洩露，你們看着辦就可以了！

請請！

後會有期！

七年後他們怎樣從呂后手中奪回天下呢？

劇情一定非常刺激啦！

公元前180年，呂后於長安城外完成祭天儀式，乘車返回宮中……

嗚......

救命啊!

太后,發生
什麼事?

趙王呂祿

梁王呂產

本宮封呂祿你為上將軍，掌管北軍，呂產以相國身分掌管南軍⋯⋯

只要兵權在手，呂家在我死後也不會吃虧⋯⋯

太后保重！

太后的病多休養一下就好，切勿胡思亂想⋯⋯

世界歷史透視

公元前188年
漢惠帝亡，漢少帝即位

公元前187年
印度孔雀王朝結束

周勃大人駕到!

周大人,若無上將軍之令牌,請回!

兵符在此,誰敢違抗?!

各位北軍的兄弟!

由現在起,我以太尉身分接管北軍!

呂產仍未知大禍臨頭，如常往未央宮參見少帝……

相國大人，請稍等一下……

快快通報！

通報哪需要這麼久？

惡賊呂產！

納命來！

朱虛侯劉章

大事不妙！

呀！

呂氏叛黨已除，眾大臣欲恭迎代王劉恆為帝！

萬歲！

萬歲！

萬歲！

劉恆是誰呢？

這皇帝如何？

劉恆是劉邦第四子，是歷史上一位既節儉又愛民的君主。

我們不妨去看一看吧……

呂后設計的酷刑

自劉邦登位後，呂后備受冷落，戚夫人自恃得寵，常常鬧着要劉邦改立自己的兒子劉如意為太子，過往種種皆令呂后懷恨在心。劉邦駕崩後，劉盈繼位為惠帝，由於惠帝年少，故大權落入呂后手中。

冤有頭債有主，呂后立即設計報復不知天高地厚的戚夫人。首先她把戚氏的頭髮全數剃去，使其戴上枷鎖、身穿紅色囚衣，囚於永巷勞役；其後呂后更設計毒殺劉如意。

劉如意死後，呂后更是變本加厲，使人挖去戚夫人的雙眼、熏聾她的雙耳，灌藥令她成為啞巴，並且砍去她的雙手雙腳，丟進茅房中，讓她自生自滅，命名為「人彘」，意思即如豬之人。

想一想

中國古代的酷刑甚多，現今是否仍然如此？你認為施用酷刑合理嗎？

第二十八回

七國之亂

漢文帝劉恆主張輕徭薄賦，獎勵生產，使百姓能安居樂業，天下太平。

春耕儀式中

漢文帝

朕欲修葺一座樓閣，要花費多少？

約黃金百兩。

太貴了，作罷！

皇上，如今國庫充盈，百兩黃金微不足道！

既然國庫充盈，不如免去今明兩年的田賦吧！

是！

父皇，請支持下去呀！

太子劉啟

朕在位二十三年，自問節約儉樸，以民為重……

皇兒也要恪守這個原則……

臣兒遵旨。

還有一件事……若諸侯坐大，危及皇朝，可命周亞夫平亂……

公元前 157 年，漢文帝駕崩，太子劉啟繼位，是為漢景帝。

他遵從文帝仁厚愛民的治國方針，史家對他們的政績讚譽有加，史稱「文景之治」。

67

皇上,微臣有一事稟告!

吳王劉濞*私自鑄錢、煮海水為鹽,又招兵買馬,意欲叛亂!

晁錯

晁*卿家有何良策?

諸侯坐大始終是隱憂,正本清源的方法是……

削藩!

嗯……准奏!削諸侯封地!

*濞,粵音秘;晁,粵音潮

68

什麼？削藩？

本王不得不反了！

吳王劉濞

諸侯反對削藩，吳、楚、趙、膠東、膠西、淄*川、濟南七王起而叛亂，史稱「七國之亂」。

濟南

膠東

吳

膠西

淄川

趙

楚

叛軍聲勢浩大，漢景帝為求息事寧人，急派特使求和。

皇上已處死晁錯，現下詔命令七國退兵！

*淄：粵音支

哼！我軍節節勝利，還理會什麼詔書呢？

哈！哈！

直取長安！

叛軍氣勢如虹，敢問我軍該如何是好？

怎麼辦？

怎麼辦？

欽差大臣到！

周亞夫

啊！莫非你就是靈貓大師？

還有我這位客串欽差大臣！

對了，初次見面，將軍怎會認識我們的？

因為他的父親是周勃啊。

家父生前多次描述閣下的貓樣。

嘻嘻！Q小子這副貓樣，還自以為帥呢。

總好過你這龜樣！

令尊周勃，誅呂氏而安邦，功業蓋世，現在也輪到將軍有所作為了！

保家衛國，匹夫有責！

奉天承運，皇帝詔曰，宣周亞夫將軍入朝觀見……

七國之亂，漢景帝任命周亞夫為太尉，領兵平亂。

啟稟大將軍，前鋒部隊已看見叛軍蹤跡！

睢陽城

梁王劉武是漢景帝的親弟弟，吳、楚叛軍將梁國都城睢*陽重重圍困，梁王苦守着，等待援兵。

向大軍傳令！

繞道而行！

*睢：粵音須

73

什麼？皇上派來的救兵，竟然繞道而行?!

周亞夫將軍向我們傳話，請王爺堅守城池！

梁王劉武

周—亞—夫！

吳王大營

停車！

竟敢阻我大軍，你們找死嗎?!

你們就是吳、楚大軍的運糧兵，是吧？

我只要糧草，乖乖把糧草留下就滾吧！

簡直豈有此理！

接招！

昌邑·周營

將在外，君命有所不受！

大將軍，要是你再不出兵救援，睢陽城恐怕守不住了！

睢陽城城高池深，兵強馬壯，易守難攻⋯⋯

只要死守，一定守得住的！

啟稟大將軍！

神貓和神龜已成功切斷了叛軍糧道！

好極！

急報，我軍糧道已被敵人切斷了！

什麼？

豈有此理！周亞夫你這惡賊！本王跟你拼了！

傳令大軍！

移師進攻昌邑，攻打周亞夫大本營！

周亞夫堅守不出，吳、楚大軍進攻不久……

眼見攻克無望，又回頭攻擊睢陽城。

他們簡直如無頭蒼蠅，亂來一通了！

周亞夫見吳、楚聯軍已成強弩之末，於是率兵出擊！

看！

世界歷史透視

長安

周太尉平亂有功，朕升你為丞相！

謝主隆恩

升官啦！我們叫他請客，大吃一頓！

嘿！可惜日後君臣反面，周亞夫絕食亡於獄中！

真的假的?!

伴君如伴虎，皇家飯不吃也罷！

現在我們去漢武帝的時代，會一會張騫吧！

漢武帝劉徹是漢景帝的兒子，於公元前141年即位，為漢朝第七位皇帝。

漢武帝

公元前141年
漢武帝即位

公元前140年
漢武帝創帝王年號

81

文景之治

侍母至孝的漢文帝

漢文帝劉恆是漢高祖劉邦的庶子，因為不得歡心而被遣到北方封地。呂后駕崩後，他被朝臣迎回繼位，開展史上稱頌的「文景之治」。文帝更有孝子之稱，他真正做到「親有疾，藥先嘗，晝夜侍，不離牀」。

有一次，文帝的母親薄太后生病了，三年無法離牀，文帝盡心盡力親自在牀前照顧，母親看在眼裏，十分感動，説：「你叫宮女服待我就可以了。」

誰知文帝竟跪下來，説：「母后呀，若孩兒不能在你有生之年，親自替你做點事，那要什麼時候才有機會報答你的養育之恩呢？」

休養生息的政策

呂后逝世後，呂家勢力隨即被殲滅。漢文帝回長安即位後，施行仁政，光復劉氏政權。至於漢景帝劉啟是漢文帝的太子，他繼位後也貫徹父親的仁政，令人民生活更為安定，社會更為富庶。

文景二帝節儉愛民，減輕賦稅和力役，同時十分重視農業生產，多次下詔督促地方官員着重農桑，減輕人民負擔。文帝還開放了山林川澤，促進農民的副業生產。此外，他曾兩次將農田稅率減去一半，免去田租三十年。而景帝除了遵從父親的所有政策外，還大力興修水利，以促進人民生產。

在文景二帝的治理下，百姓豐衣足食，社會一片繁榮，史稱「文景之治」。當時朝廷庫房累積錢財達數千萬，因長時間不動用，用作串錢的繩子都腐爛了，地方糧倉也堆滿糧食。文景之治讓漢朝休養生息，成就了後來漢武帝的雄圖偉略。

廢除肉刑

漢文帝在位期間，有一位名叫淳于意的官員，他犯了罪，被人告發，按律法要被押送到長安。

淳于意沒有兒子，只有五個女兒，她們都哭着跟着囚車後，淳于意怒氣沖沖地説：「孩子中沒有男孩，危急時沒有一個可以幫到忙的！」緹縈是他的小女兒，雖然聽了這番話感到很傷心，但還是一直跟着父親來到長安，努力想辦法拯救父親。

淳于意被判處肉刑，緹縈於是上書給漢文帝，求情道：「我的父親在齊地當官，當地的人都説他清廉公平，如今犯了罪，的確應該受到懲罰，但我為父親難過，也為所有受過肉刑的人難過，因為人一旦被割鼻斬腳，便無法再長出新的肢體，就算想改過自新也沒有機會。我願意當官府的奴婢，代替父親受刑。」

漢文帝看過緹縈的上書，被她的孝心感動，也認為她説得有道理，因此廢除了肉刑。

想一想

你認為文景二帝是好的君主嗎？
為什麼？

第三十九回

征伐匈奴

長安城門外

神龜，上面寫了什麼？

漢武帝招募使節，出使西域大月氏*國……

看不清楚呀！

不如我們去應徵吧？

不知道薪酬福利好不好呢？

別搗亂，張騫才是出使西域的主角啊！

*氏，粵音支

張騫，漢中郡成固（今陝西省城固縣）人，自小有勇有謀，長大後在朝中當一名小郎中。他看見朝廷招募使節的詔書後，便毅然應徵。

公元前 139 年，漢武帝派張騫出發前往大月氏國。

據聞匈奴在此一帶屯兵，以阻我大漢往西域之路？

正是，我們得加倍小心才行！

站住！

不准動！

大膽！本官乃大漢使臣，不得無理！

哈哈哈！

寒風凜凜——

張騫被匈奴人捉去已十年了，他還撐得住嗎？

是這裏沒錯吧？

89

這個……這個……

別磨蹭了，快上馬！

喂！你是什麼人?! 張騫呢？

張騫出使期滿返國。

我是新任大漢帝國駐匈奴大使神龜先生！

胡説八道！

我先把你宰了，再去抓張騫！

咦？頭掉哪裏去了？

那下次我能成功完成任務嗎？

皇上再派你出使西域，主要目的是聯絡烏孫國以打擊匈奴……

但烏孫國王不敢結盟，只肯派使臣進貢。

唳？！

可惜！

這麼説，我又失敗了？

唉！

也不算，你到過西域多個國家……

嘩！

開闢了一條中西交流的重要通道——絲綢之路！

後世會記着你的功勞的！

不過你要小心，不要再被匈奴人抓去啊！

世界歷史透視

公元前139年
張騫初次出使西域

公元前133年
羅馬格拉古兄弟推行改革

這個倒不必擔心。

張騫第二次出使西域時，漢軍已把匈奴人逐出河西走廊！

是誰這麼厲害？

此人就是飛將軍——李廣！

嗖！

97

我們來了の！

這位就是飛將軍李廣。

莫非你就是靈貓大師?!

現在不是說客套話的時候⋯⋯

解決此危機只有一個方法：虛則實之，實則虛之！

好主意。

眾將士，下馬休息！

悠閒~

單于*，這或許是誘敵之計，待我前去探視一下吧！

匈奴單于

*單于，粵音善如，是匈奴人對其部落聯盟的首領的稱號。

呀！

李廣就在此，放馬過來吧！

來啊！來啊！

可惡！必有埋伏，快撤退！

你們知道這首唐詩中的「飛將」指的是誰嗎？

我知道，飛將軍李廣！

對了！

奇怪，你怎麼會知道呢？

啪！啪！

我看了《唐詩三百首》，增長了不少文學知識呢！

言歸正傳，讓我再介紹兩位同時代的名將，他們分別是衞青和霍去病。

衞青和霍去病是舅甥關係，他們又都是私生子的身分，所以童年時飽受歧視。

後來衞青的姊姊被漢武帝選入宮中，衞青得以進宮當差。

衞青有勇有謀，得到漢武帝的賞識，被封為車騎將軍，數度領軍出擊匈奴，戰無不勝。

公元前 124 年，衛青第四度出擊匈奴，統領十多萬將士，親率三萬鐵騎，從高闕出發。

你應該就是靈貓大師吧？久仰久仰，多多指教！

衛將軍客氣了，我等特來助陣！

漢軍突襲？
衞青竟然來
得這麼快?!

三十六着，
走為上着！

　　這一役，衞青以迅雷不及掩耳之勢突襲右賢
王營地，右賢王落荒而逃，衞青俘虜了匈奴男女
兵丁一萬五千多人，大獲全勝。

公元前 123 年，漢武帝再次討伐匈奴，仍由大將軍衞青領軍。這次戰役亦成就了另一位名將——霍去病。

霍去病是衞青的外甥，這年他才十八歲。

多多指教

霍去病率領八百名精兵進擊數百里，殲敵二千餘人，非常勇猛。

霍去病年少有為，晉驃姚校尉，封冠軍侯。

公元前 119 年，霍去病率五萬漢軍深入漠北，行軍二千餘里，大破匈奴左賢王，殲敵七萬多人，大獲勝利，其後登上狼居胥山築壇祭天……

萬歲！

經此一役，匈奴遠遁，霍去病在狼居胥山立碑紀念。

從此，「封狼居胥」用來比喻驅逐胡虜，戰功彪炳之意。

看過漢朝抗擊匈奴的事跡後，我帶你們去見一位偉大的歷史學家吧！

好呀！

歷史文化知多點

絲綢之路

開拓地域交流

絲綢之路，簡稱「絲路」，指自西漢起開闢的交通路線，以長安為起點，向西伸延至歐洲羅馬。由於中國的絲綢是這條商路的主要貿易貨品之一，因而得名。

西漢的漢武帝希望聯絡西域國家共同打敗匈奴，先後兩次派遣張騫出使西域，開通了絲綢之路，讓中原和西域之間的貿易蓬勃起來。由於沿途多為沙漠，缺乏水源，各個綠洲成為了食物和食水的補給站，這條路線因而名為綠洲絲綢之路。

綠洲絲綢之路從新疆繞過塔克拉瑪干沙漠直達中亞，最遠可達非洲和歐洲，增進了中國與西方國家及其他地區的來往，促進彼此的經濟和貿易聯繫，同時亦為中西方的文化交流作出貢獻。

翻山越嶺，越洋過海

絲綢之路大致可分為四大路線，除了綠洲之路外，還包括草原之路、西南之路和海上之路，各路線在不同朝代有不同的角色。

草原絲綢之路指從蒙古高原地帶西行至天山，到達伊犁等地的路線。唐朝後期，綠洲絲綢之路被吐蕃佔據河西走廊而中斷，於是草原絲綢之路成為通往西域的重要路線。

西南絲綢之路則以雲南大理為中心，通往印度。由於雲南地區的地形複雜，高山綿綿，氣候潮濕炎熱，加上少數民族眾多，因此這路線直至隋、唐以後才開始蓬勃起來。

海上絲綢之路以中國南方泉州、廣州等港口為起點，向西航行至東南亞、阿拉伯等地，甚至遠至非洲和歐洲。從魏晉南北朝開始，中國與印度之間的海路往來已十分頻繁。元朝時，造船和羅盤導航技術已相當發達，促進了海上絲綢之路的發展。

貢獻良多的絲路

絲綢之路的開闢，使路線沿途的國家之間的聯繫更為緊密，經濟貿易及文化均得以互通，發展更為迅速。

從漢朝起，漢武帝便鼓勵商人把中原物資帶到西域；佛教亦沿着絲綢之路從印度東傳到中國，成為中國重要的宗教之一，而中國不少僧侶也經絲綢之路前往印度取經。

至唐朝時期，中西方的交流更是頻繁，文學和藝術方面都滲入了西域文化色彩，首都長安更有各國留學生、商人、使者等長期居住，使長安成為世界文化之都。

明朝的鄭和七次下西洋，令中國與西方的交流進一步密切起來。當時大量西方傳教士經由海路到達中國，帶來了西方文明之餘，他們回國後亦向西方展示中國文化，大大促進了中國與西方國家的關係。

絲綢之路貫通中西，見證中國多年來的經濟和文化發展，如今更成為了熱門的旅遊路線，同時也是各國學者的重要研究項目。

想一想

除了絲綢之外，很多中國的名產也經由絲綢之路傳到西方，你知道還有什麼物品嗎？

第四十回

史記千秋

A博士，你的時光網絡又壞了，把我們送到人家的後花園幹什麼？

真是的，擅闖民居是犯法的啊！

這裏是太史令司馬談的居所，我給你們介紹一位朋友。

誰？

在下靈貓大師，能結識司馬遷先生，三生有幸。

不敢當！你就是傳說中的靈貓大師？

正是！他就是上下古今無所不曉的靈貓大師！

對了，司馬兄，你在看什麼書？

這些是《左傳》、《國語》，我已誦讀多遍了。

那些是《尚書》、《春秋》、《公羊》等典籍。

既然有《左傳》，為何沒有《右傳》？

問得好！我也不明白為何只有《春秋》，沒有《夏冬》！

《公羊》是什麼書？

《公貓》或《公龜》行不行？

司馬遷先生，你已年屆二十，除了讀萬卷書，還需行萬里路啊！

我正有此意！

呵呵，我已為你準備好了！

神州遊學團

看吧！

上車吧！

皇上聖諭，太史令司馬談於任內病逝，令其子司馬遷承襲父職，繼任太史令！

臣遵旨！

努力啊！加油！

司馬遷花了五年時間讀遍國家藏書庫中全部藏書，四十二歲的時候便開始撰寫《史記》。

可惜偏偏這時飛來橫禍！

怎麼啦？

中外歷史大比照 蒂托・李維是古羅馬著名的歷史學家，他撰寫了《羅馬史》，記載了從羅馬建成到羅馬帝國早期的歷史。

飛將軍李廣之孫李陵，在與匈奴的一次戰役中孤軍深入腹地……

李陵以五千步兵奮戰匈奴十萬大軍，雖殲敵萬餘人，但最後糧盡援絕，戰敗被俘……

李陵沒有一死報國，固然罪重……

李陵戰敗，竟然接受匈奴招降！太史令，他該當何罪？

但他已殲敵萬餘，敵眾我寡，因無救兵而敗北，實在非戰之罪……

大膽！李陵叛國投敵，你還為他辯護？罪該萬死！

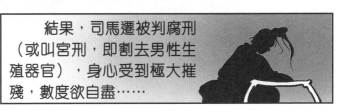

結果，司馬遷被判腐刑（或叫宮刑，即割去男性生殖器官），身心受到極大摧殘，數度欲自盡……

司馬兄要忍辱負重……

完成《史記》以流傳萬代！

司馬遷於是埋首著書，歷時十一載，終於……

太好了！

大功告成！

《史記》共130卷，約52萬字，寫的是上自黃帝、下至漢武帝近三千年的歷史……

現在我再帶你們去見另一位了不起的人物——牧羊的蘇武！

一、二、三……

四、五、六……

啊？怎麼多了三頭羊？生小羊了？

匈奴人說只要生了小羊的話就放我回國的！不……不……這些羊都是公羊啊！是貓和烏龜？

他在說什麼呀？

你好！

蘇武先生，幸會了！

咦？真是貓和烏龜？

這位是靈貓大師，我和神龜乃左右護法。

靈貓大師？喔！久仰久仰，在下蘇武。

還以為有全羊餐呢，連涮羊肉也沒有……

烤田鼠已不錯呢！蘇武的羊少了一頭的話，他回不了家啊！

公元前 100 年，四十餘歲的蘇武正值盛年，被漢武帝任命為中郎將，出使匈奴。

本來一切順利，豈料蘇武的副使張勝背着他做了一件事……

張勝

將軍，你造反殺了單于，奪位成功後，千萬別忘了我的功勞啊！

捉拿反賊

副使謀反，蘇武你同樣有罪，但只要你投降，便可官拜王爵！

哼，要殺便殺！大漢必將踏平匈奴，終結匈奴之禍！

好一條硬漢！人來，把他放逐到無人處牧羊去！

我在這裏牧羊十九年，如今已經老了……

連這節杖尾上的旄毛*都掉光了！

匈奴單于欺人太甚！可惜無人為我向皇上傳遞消息……

蘇兄放心，一切包在我們身上！

再見！

吃了鼠肉再走吧，貓兒最愛吃啊！

*旄毛，即犛牛尾巴的毛。

咩～

唔～

啊！閣下是靈貓大師？先皇所言竟是真的？

漢昭帝

漢武帝派蘇武出使匈奴，被單于囚禁，至今已十九年了……

朕即位後，雙方議和，已要求匈奴釋放蘇武回國。

匈奴單于說蘇武已死，是嗎？

正是！

他說謊！蘇武尚在人間。皇上可委派我們前去要人！

報告大王，有漢朝使節求見！

請！

本官乃大漢帝國特命全權大使！

使官前來所為何事？

大漢天子在上林宛中射下一隻大雁，雁腳上繫有一塊帛書，上面寫道蘇武……

蘇武如何？

上面寫道蘇武還活在北海的荒野中！你還不快快放他回國！

謊言鬥謊言，Q小子勝！

蘇武由漢武帝天漢元年（公元前 100 年）出使匈奴，至漢昭帝始元二年（公元前 81 年）才歸來，他的氣節堅貞，深為後人敬重！

歷史文化知多點

司馬遷與《史記》

忍辱負重的司馬遷

司馬遷，夏陽（今陝西韓城）人，是中國偉大的歷史學家，其著作《史記》是中國最重要的歷史鉅著。

司馬遷年僅十歲已能閱讀先秦典籍，長大後更遊歷四方，到處考察風俗，收集傳説。父親去世後，司馬遷繼任為太史令，他承父遺願，立志撰寫一部中國通史。漢武帝太初元年（公元前104年），司馬遷又參與訂立「太初曆」，一改秦朝以十月為歲首的習慣，改以正月作為一年之始。

漢武帝天漢四年（公元前97年），名將李廣的孫子李陵出兵匈奴，不敵被俘，大部分官員都認為李陵叛降有罪，漢武帝下令誅殺李陵全家。當時任職太史令的司馬遷上書為李陵辯護，武帝大怒，以欺君之罪判司馬遷死刑，其時死刑可以贖金或接受腐刑兩種方法抵銷，但司馬遷沒有足夠金錢，惟有忍辱接受腐刑。

出獄後，司馬遷發憤撰寫史書，終憑其「究天人之際，通古今之變，成一家之言」的抱負，完成中國首部紀傳體史書。

《太史公書》

　　司馬遷的《史記》最初名為《太史公書》，至東漢時期因《太史公書》影響深遠，故專名為《史記》。「史記」本來是戰國時期各國史書的通稱，《太史公書》能以這通稱專名，其重要性可想而知。

　　《史記》記載了黃帝時代至西漢漢武帝年間共三千多年的歷史，全書有一百三十篇，分為本紀、表、書、世家和列傳五大主題，分別記載帝王事跡、歷史事件、典章制度、諸侯事跡和人物歷史，共五十餘萬字。

　　《史記》開創紀傳體史書的先河，內容以描寫人物生平為主，並非以年代時間為順序。《史記》流傳至今二千載，對中國史學和文學發展有深遠影響，備受學者稱頌。

想一想

你認為為什麼司馬遷能忍受屈辱？他的事跡對你有什麼啟發呢？

第四十一回

東漢盛世

西漢末年，朝政大權旁落，引致外戚弄權。據說在漢平帝十四歲那年，太皇太后的姪子大司馬王莽毒殺了皇帝……

臣敬祝皇上萬壽無疆！

王莽

毒酒！

過幾天，你這小子壽元便盡了！嘿嘿……

漢平帝駕崩，王莽立兩歲的孺子嬰為帝，自己則攝政，稱為「假皇帝」。

世界歷史透視

公元前46年

凱撒成為羅馬共和國終身執政官

公元前30年

埃及被羅馬征服

啟稟皇上，近日有人發現高祖廟內有一個古物銅箱，箱上刻有字句……

「漢高祖讓位予王莽」……

既然高祖顯靈叫我做皇帝，我也不能推辭了，哈哈……

公元9年，王莽篡位稱帝，改國號為新。

王莽治下，朝令夕改，民不聊生，因此到處都有起義軍起義。

站住！什麼人？

咦？為何他的眉毛是紅色的？

山東一帶的起義軍會把眉毛塗上赤色，所以叫「赤眉軍」。

不如我們也建一支「藍眉軍」吧！

我喜歡綠色，還是叫「綠眉軍」吧！

豈有此理，竟無視我了？殺！

失陪了！

起義軍之中，最有影響力的一支叫「綠林軍」。

綠林軍佔據湖北綠林山為巢，打家劫舍，劫富濟貧。

難怪「綠林」變成強盜的代名詞，俠盜也叫作「綠林好漢」。

我帶你們來體驗一場重要的戰役——昆陽之戰！

綠林軍的首領劉秀舉兵起義，率領不足萬人奪得昆陽城，而新朝的四十萬大軍正捲土而來。

有人勸劉秀撤出昆陽，退回根據地，但劉秀認為，昆陽若失守，起義軍將被各個擊破，故萬萬不可退縮！

但敵眾我寡，除非有援軍，否則還是會守不住的。於是劉秀帶領十二名勇士殺出重圍去請救兵……

這個奇怪傢伙，他在說什麼？

噓！難道你沒聽過靈貓大師的傳說嗎？

對了，你們現在去告訴劉秀，按靈貓大師的吩咐而行吧！

是！

世界歷史透視

公元23年
昆陽之戰

公元25年
劉秀稱帝，建立東漢

王莽大軍猛烈圍攻昆陽城，奮力堅守的起義軍別無退路，只能等待劉秀的援軍前來解圍⋯⋯

據說這位巨無霸力大無窮，而且能指揮猛獸進攻，所向披靡……*

衝呀！

嘩！出動野獸陣?!

哈！有白貓將軍在，何懼之有？

* 有關巨無霸在昆陽之戰的事跡見於《漢書·王莽傳下》及《後漢書·光武帝紀上》。

中外歷史
大比照

古印度也是一個會運用戰象作戰的地方，例如亞歷山大大帝在進攻印度時便遇上數百頭戰象迎擊。

獸群往回衝，新朝軍隊
人仰馬翻，傷亡慘重。

慘了!

世上竟有人比
我更擅長指揮
野獸……

這……

巨無霸，王莽手下奇
士，身形魁梧，能馴獸，
在昆陽一戰敗走後便不
知所終……

乘勝追擊，
直取長安!

這場歷史上著名
的昆陽之戰，以王莽
四十多萬大軍全軍覆
沒告終。

綠林軍攻下長安，誅殺王莽。公元25年，劉秀即位為光武帝，以洛陽為都城，史稱東漢。

天下已定，朕決定減輕賦稅，促進生產！

國泰民安，真不錯呢！

閒人迴避，湖陽公主駕到……

145

承教了！

朕明白了！

董宣，好一個固執縣令，朕要嘉獎你！

謝主隆恩！

再見！

光武帝採取休養生息之策，又嚴懲貪官，令百姓安居樂業。

怪不得史稱這時期為「光武中興」呢！

之後繼位的漢明帝也是賢君。現在我帶你們去看看一個取西經的故事吧！

來得正巧，
有請！

正是！

閣下莫非
就是靈貓
大師？

先付款吧，美食
大餐便可！

真失禮！

之前教的
餐桌禮儀
都是白教
了……

關於金人之
夢……

據說天竺有佛，高
六丈，遍體金色，
頭戴日月光輝。

朕這就命中郎將蔡惜……

前往天竺取經求佛！

好像很緊張刺激的，不如讓我當龜悟空，護送蔡大人吧！

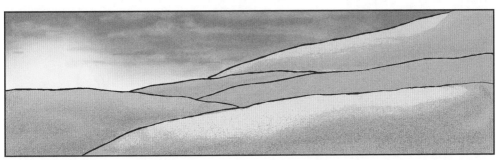

咦？忽然一陣妖風！

一定是黃風怪作祟，蔡大人勿驚，有我在此保護你！

看！我們回到洛陽城了！

龜悟空，路上可有妖精？是否驚險？

有辛有苦，卻無驚無險，一點都不好玩。

下次這些苦差事還是交給你了！

世界歷史透視

公元57年
漢光武帝亡，漢明帝即位

公元67年
漢明帝建白馬寺

為了供奉經書和安頓僧人，漢明帝下旨修建了中國第一座佛寺，取名「白馬寺」。

那匹馱着佛經的白馬就是供養在寺內。

白馬寺

自此佛教在中國廣泛傳播……

求菩薩保佑，賜我美食！

考試一百分！

而且傳統的孔孟之道也融入進去，使佛教更符合中國人的風俗習慣呢。

公元68年

公元70年

皇帝尼祿自殺，羅馬陷入皇位爭奪

耶路撒冷聖殿被毀

歷史文化知多點

蔡倫造紙

　　蔡倫本來是東漢的一位小太監。漢和帝即位後，他被升為中常侍，負責傳達皇帝詔令和處理文書。蔡倫當時亦兼任尚方令，管理宮中御用器物和手工藝品，讓他有機會改良紙張，使其得以普及，對後世的影響實在深遠。

　　當時人們主要在竹簡上書寫，紙張的應用較少，因為製作紙張的原材料是廢絲綿，但絲綿價格十分昂貴，不能普遍使用。蔡倫於是採用樹皮、破布等隨手可得的材料，成功造出便宜而輕便的紙張，人稱「蔡侯紙」。

　　後來，造紙術更傳至亞洲其他國家，約在公元 4 至 5 世紀傳入朝鮮，公元 5 至 6 世紀傳至日本，及後更經阿拉伯傳至歐洲，使造紙技術在西方流行起來。

想一想

造紙術、指南針、火藥和印刷術是中國古代四大發明，你認為哪一種發明的影響力最大？為什麼？

重
點
大
事

公元前 202 年
劉邦即位，是為
漢高祖。

公元前 180 年
呂后病逝，漢文帝
即位。

公元前 100 年
蘇武被匈奴所拘。

公元前 91 年
司馬遷完成《史記》。

公元 25 年
劉秀建立東漢，
稱光武帝。

公元 9 年至 23 年
王莽篡漢，建立新朝，
後被綠林軍所滅。

公元前 154 年
周亞夫平定七國
之亂。

公元前 139 年
張騫出使西域，
開闢絲綢之路。

公元前 127 年至公元前 119 年
漢武帝三次派衞青及霍去病征
伐匈奴。

公元 68 年
漢明帝建立白馬寺，
為中國第一座佛寺。

遠古時代
夏 （公元前 2070 年至公元前 1600 年）
商 （公元前 1600 年至公元前 1046 年）
西周 （公元前 1046 年至公元前 771 年）
春秋 （公元前 770 年至公元前 403 年）
戰國 （公元前 403 年至公元前 221 年）
秦 （公元前 221 年至公元前 206 年）
漢 （公元前 206 年至公元 220 年）
三國 （公元 220 年至 280 年）
西晉 （公元 266 年至 316 年）
東晉 （公元 317 年至 420 年）
南北朝 （公元 420 年至 581 年）
隋 （公元 581 年至 618 年）
唐 （公元 618 年至 907 年）
五代十國 （公元 907 年至 960 年）
北宋 （公元 960 年至 1127 年）
南宋 （公元 1127 年至 1279 年）
元 （公元 1279 年至 1368 年）
明 （公元 1368 年至 1644 年）
清 （公元 1644 年至 1912 年）

中國歷史大冒險 ⑥

大漢皇朝

作　　者：方舒眉
繪　　圖：馬星原
責任編輯：陳志倩
美術設計：陳雅琳
出　　版：新雅文化事業有限公司
　　　　　香港英皇道 499 號北角工業大廈 18 樓
　　　　　電話：（852）2138 7998
　　　　　傳真：（852）2597 4003
　　　　　網址：http://www.sunya.com.hk
　　　　　電郵：marketing@sunya.com.hk
發　　行：香港聯合書刊物流有限公司
　　　　　香港荃灣德士古道220-248號荃灣工業中心16樓
　　　　　電話：（852）2150 2100
　　　　　傳真：（852）2407 3062
　　　　　電郵：info@suplogistics.com.hk
印　　刷：Elite Company
　　　　　香港黃竹坑業發街 2 號志聯興工業大樓 15 樓 A 室
版　　次：二〇一九年七月初版
　　　　　二〇二〇年十二月第二次印刷

ISBN: 978-962-08-7337-9
©2019 Sun Ya Publications (HK) Ltd.
18/F, North Point Industrial Building, 499 King's Road, Hong Kong
Published and printed in Hong Kong